DK

WISSENSWELTEN

KÖRPER

SCHICHT
FÜR SCHICHT
ins Innere
des Menschen
blicken

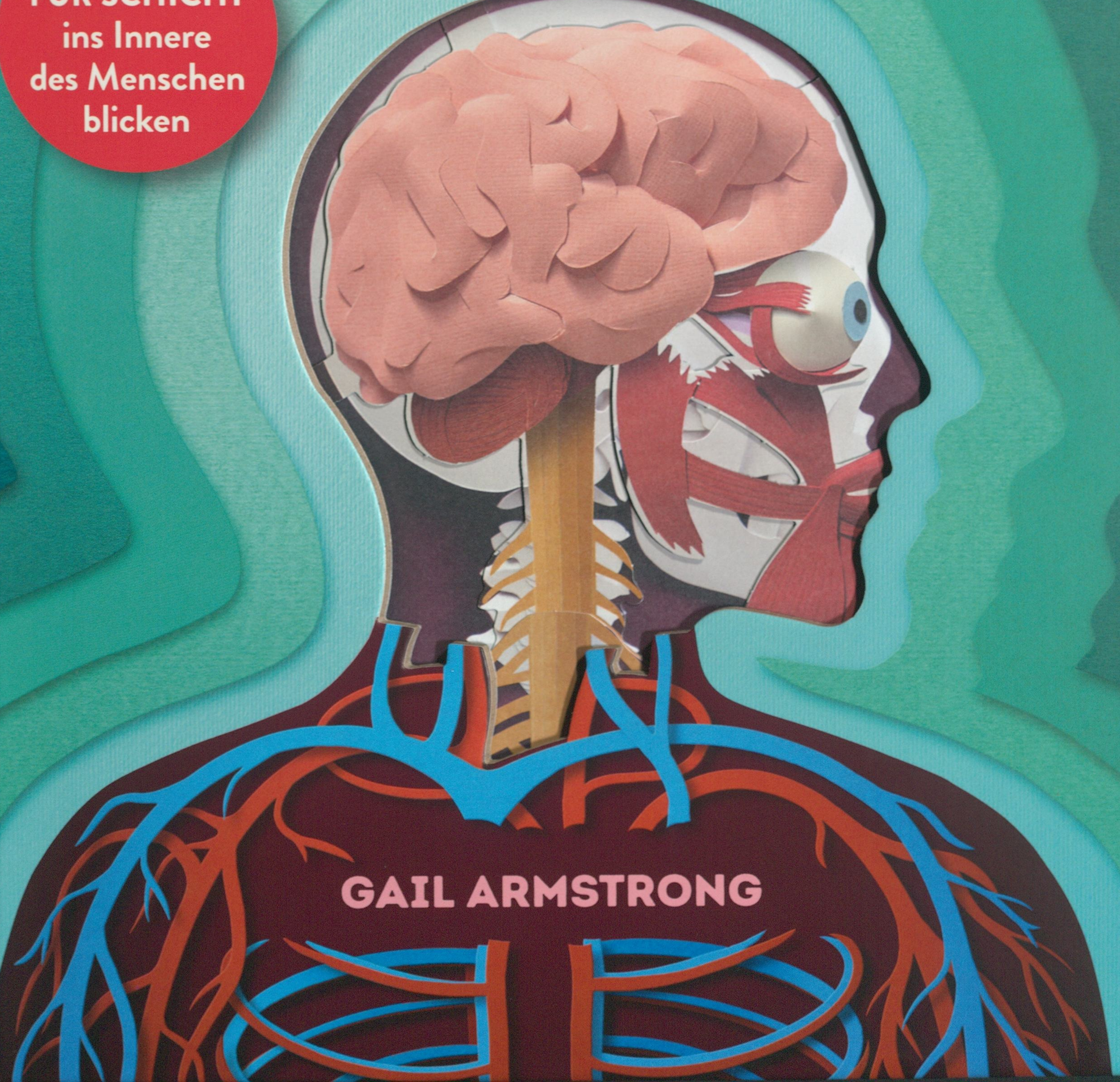

GAIL ARMSTRONG

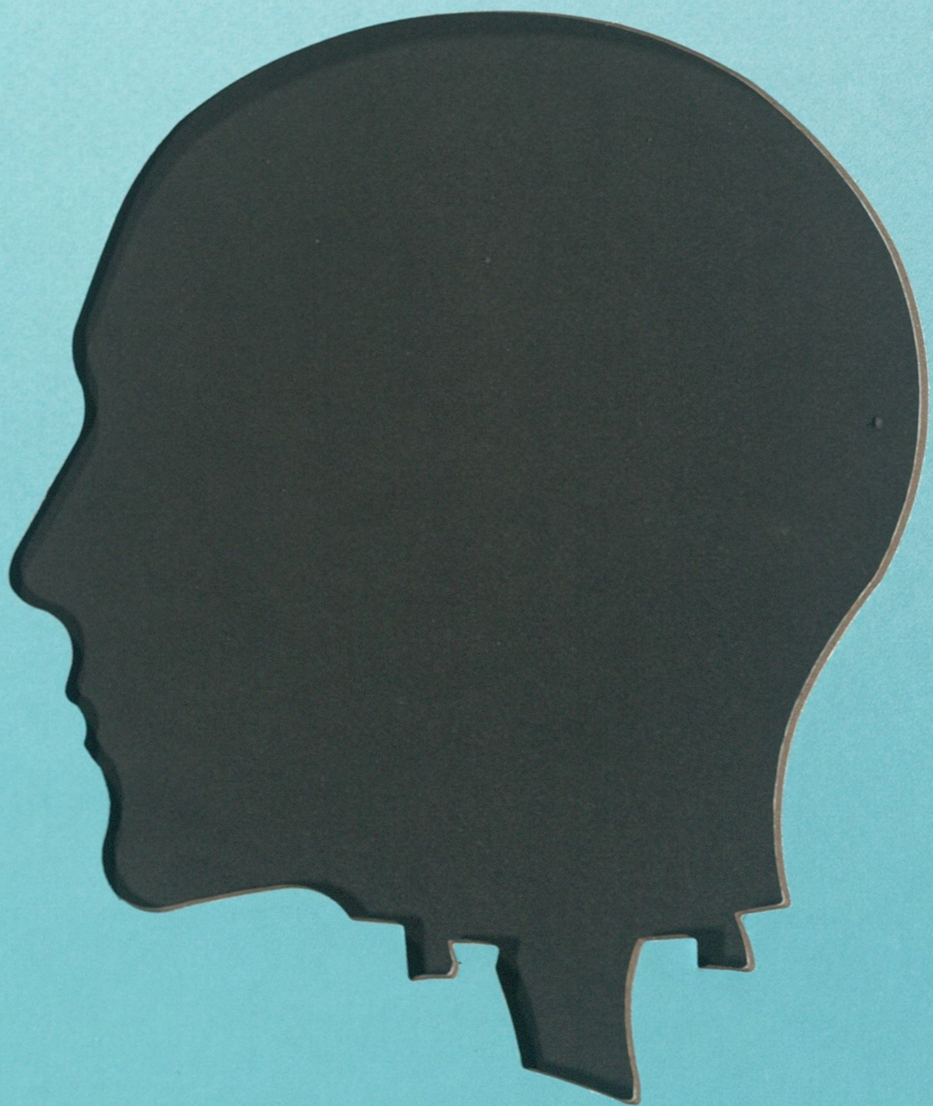

WISSENSWELTEN

KÖRPER

GAIL ARMSTRONG

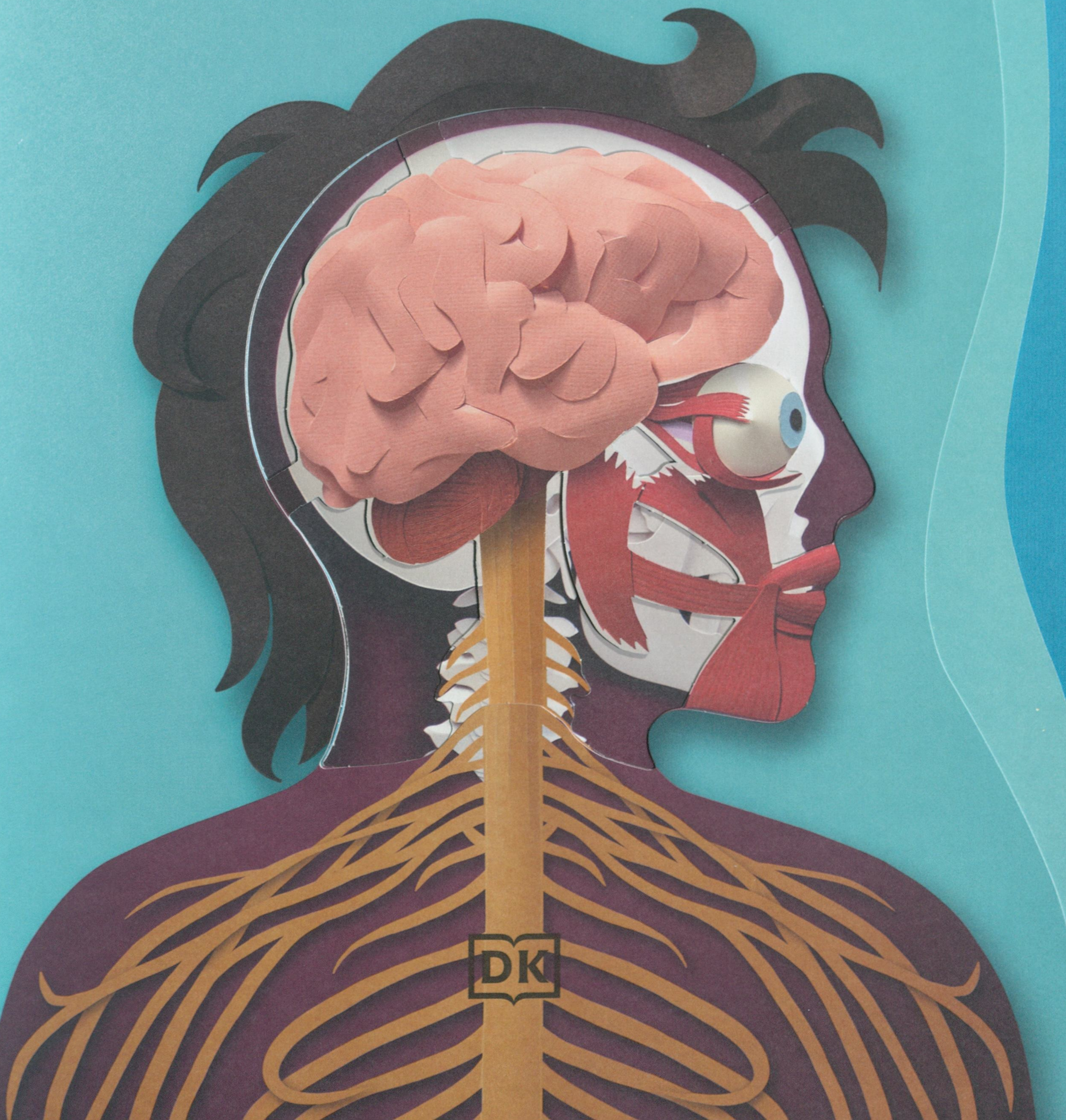

INHALT

Der Körper leistet Erstaunliches. Rund um die Uhr arbeitet er ohne Pause und hält dich am Leben. Selbst wenn du tief und fest schläfst, atmet und wächst dein Körper, er pumpt Blut durch die Adern und verdaut alles, was du gegessen und getrunken hast.

Wenn du in diesem Buch durch die Seiten blätterst und die Klappen öffnest, kannst du alle Organe des menschlichen Körpers genauer betrachten. So deckst du Schicht für Schicht das Wunderwerk Körper auf und erfährst viele beeindruckende Dinge.

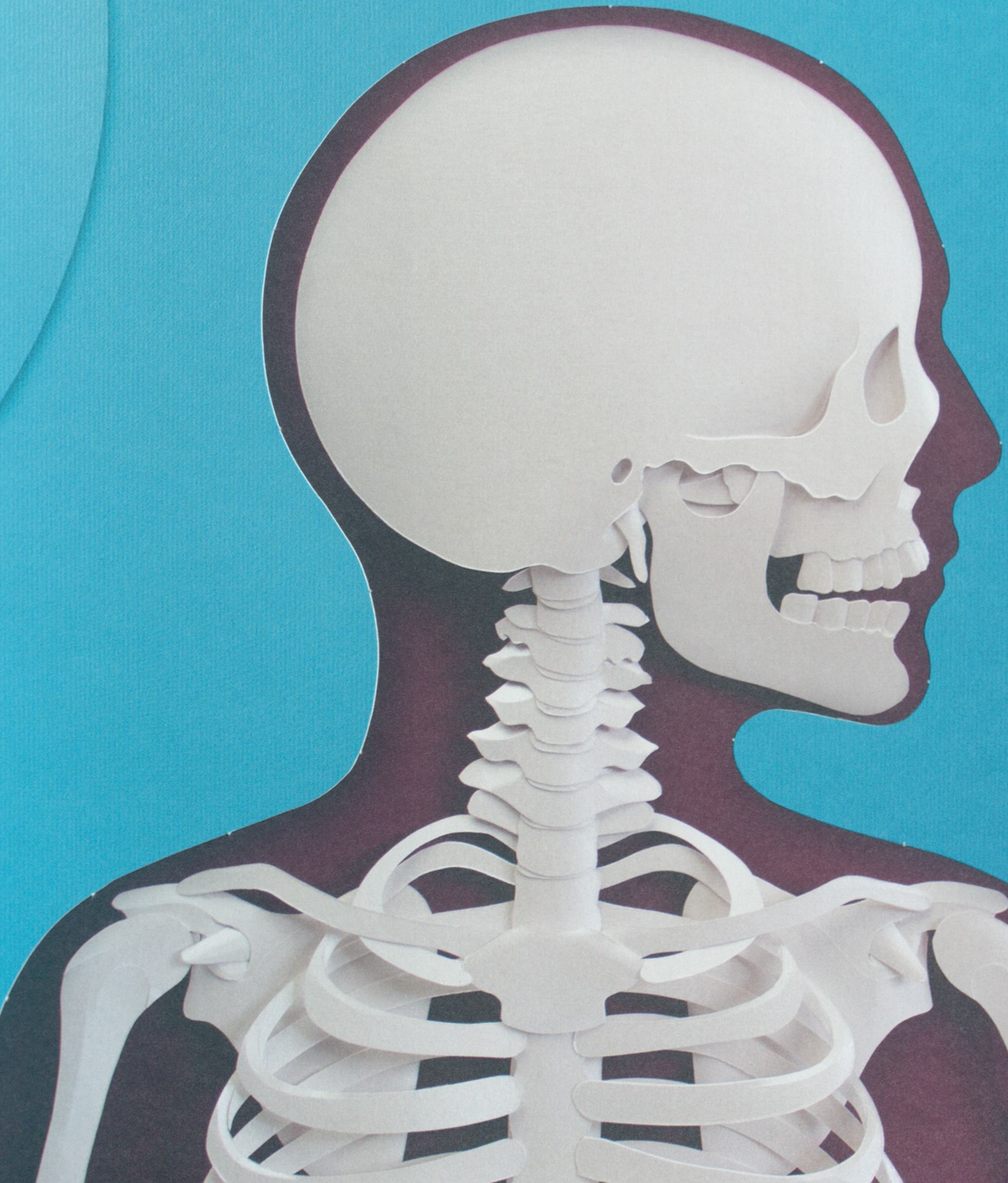

ORGANE & SYSTEME

Der menschliche Körper besteht aus vielen Teilen, die alle zusammenwirken, damit du dich bewegen, atmen und denken kannst. Er arbeitet die ganze Zeit, egal ob tagsüber oder in der Nacht. Für jede Aufgabe gibt es ein bestimmtes System, also eine Gruppe von Körperteilen, die wie an einem Fließband miteinander verbunden sind.

Die kleinsten Teile im Körper sind die Zellen. Sie sind die Grundbausteine aller Lebewesen. Viele gleichartige Zellen lagern sich zu einem Gewebe zusammen, beispielsweise zu Muskelgewebe. Mehrere Gewebe bilden zusammen ein Organ wie das Herz, die Lunge oder das Gehirn. Ein System besteht aus miteinander verbunden Organen und Geweben.

Körper aus Wasser
Alle Zellen, Gewebe und Organe des Körpers müssen mit Wasser versorgt werden, um zu funktionieren. Deshalb ist es so wichtig, dass du ungefähr 1 Liter Wasser pro Tag trinkst, damit du nicht austrocknest!

Was ist ein Organ?
Ein Organ ist ein Teil des Körpers, das eine bestimmte Aufgabe erfüllt. Das Herz pumpt zum Beispiel das Blut durch den Körper.

Größtes Organ
Erstaunlich, aber wahr: Das größte Organ ist die Haut. Bei Erwachsenen wiegt sie etwa 3,5 kg. Ausgebreitet würde sie eine Fläche von mehr als 2 Quadratmetern bedecken.

Wie viele Organsysteme gibt es?
Die verschiedenen Systeme des Körpers sind über das Gehirn miteinander verbunden und voneinander abhängig, um richtig zu funktionieren. Jedes System besteht aus Organen und Geweben. Im Nervensystem sind zum Beispiel alle Nerven (Gewebe) mit dem Gehirn (Organ) verbunden.

Zellen

Jedes Körperteil ist aus Zellen aufgebaut. Zellen sind wie winzige Bausteine, die wir mit bloßen Augen nicht erkennen können. Unter dem Mikroskop sieht man aber, dass sie unterschiedliche Formen haben, die sich nach ihrer Aufgabe richten. Hier siehst du eine typische Zelle mit den wichtigsten Bestandteilen.

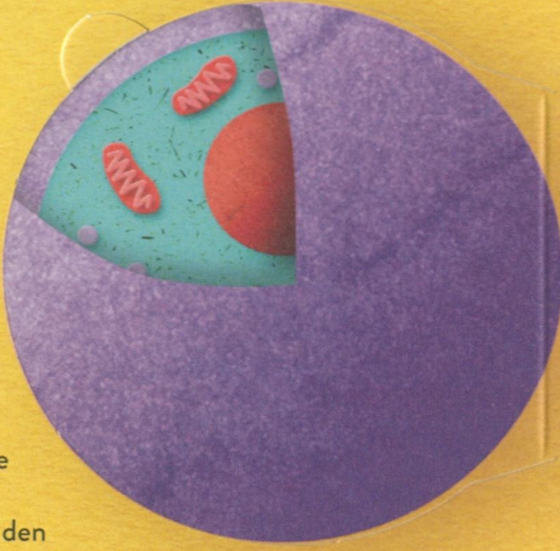

Ein einzigartiges Wunder!

Wir alle besitzen die gleichen Körperteile, aber jeder Mensch auf der Erde ist einzigartig – innerlich und äußerlich!

Das kommt daher, dass jede Person (außer eineiigen Zwillingen) unverwechselbare Gene hat. Und jede Person macht zudem eigene, einzigartige Erfahrungen.

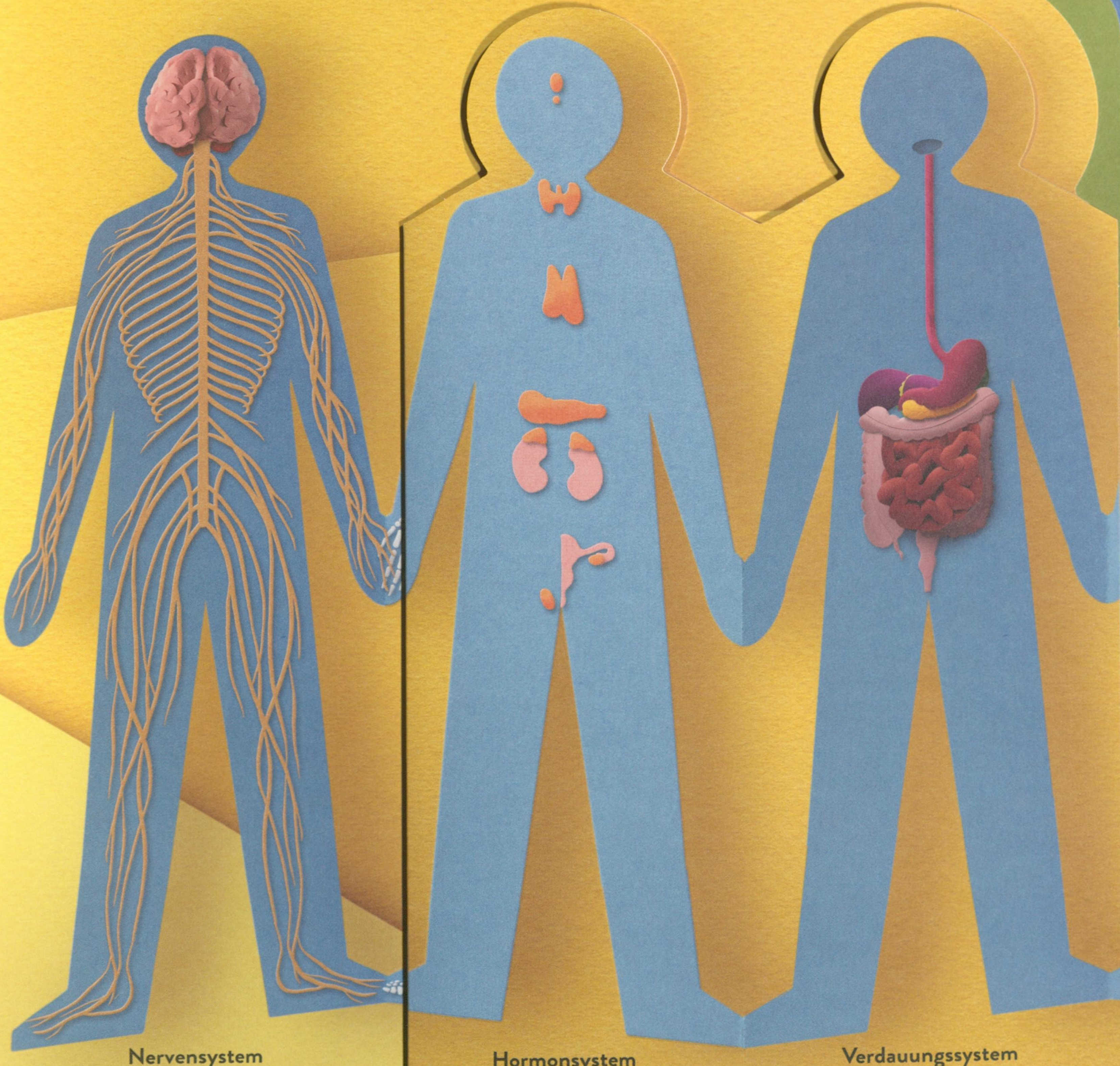

Nervensystem Hormonsystem Verdauungssystem

SKELETT & MUSKELN

Das Skelett hält den Körper aufrecht, gibt ihm Form und lässt sich auf viele verschiedene Arten bewegen: Du kannst zum Beispiel Bälle werfen oder Schlittschuh laufen. Außerdem schützt es die weichen inneren Organe wie das Herz oder das Gehirn.

Doch so wichtig das Skelett auch ist, ohne die Hilfe der Muskeln könntest du von der Zunge bis zu den Zehen gar nichts bewegen. Dazu brauchst du immer mindestens einen Muskel. Manche Muskeln arbeiten, ohne dass du darüber nachdenken musst (wie die Magenmuskeln, die beim Verdauen das Essen kneten), aber andere musst du steuern (wie die Beine beim Gehen). Sie alle funktionieren, indem sie sich zusammenziehen und dann wieder entspannen. Die Muskeln, die du zum Gehen, Springen und Laufen brauchst, heißen Skelettmuskeln. Von ihnen gibt es etwa 650 und sie machen bei Erwachsenen etwa die Hälfte des Gewichts aus.

Größter Muskel

Der Gesäßmuskel am Po ist der größte Muskel im Körper. Wenn du zum Beispiel Treppen steigst, steuert er die Hüftbewegungen.

Skelettmuskeln

Skelettmuskeln sind mit starken Sehnen an den Knochen befestigt. Wenn sich ein Muskel zusammenzieht, zieht die Sehne am Knochen und bewegt ihn. Da Muskeln nur ziehen und nicht schieben oder drücken können, arbeiten sie immer paarweise.

Gelenke

Die Stelle, die zwei Knochen verbindet, heißt Gelenk. Der Körper hat mehr als 400 Gelenke – allein in einem Fuß sind 33! Es gibt verschiedene Arten von ihnen, die unterschiedlich funktionieren. Unter den Klappen findest du einige davon.

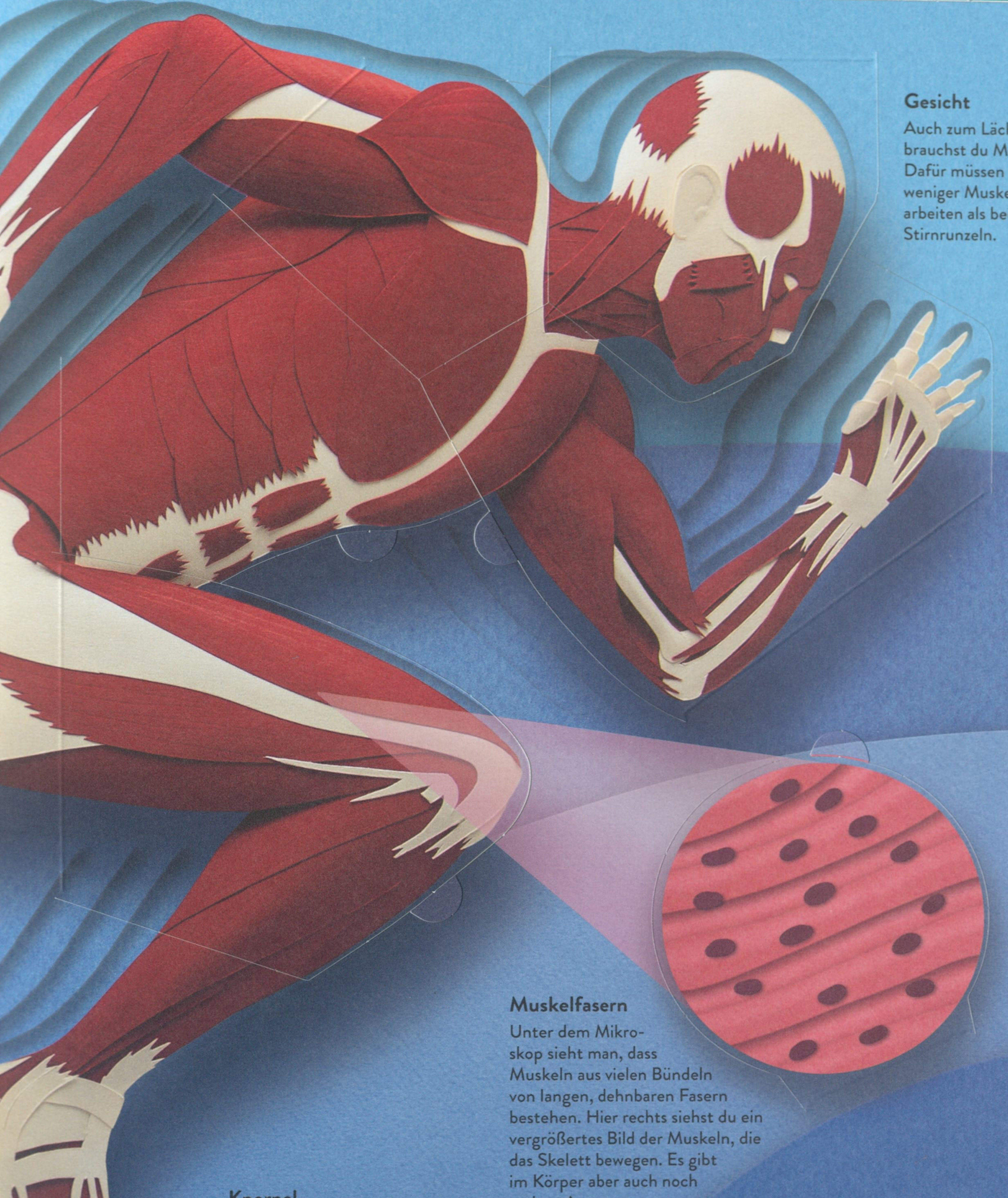

Gesicht

Auch zum Lächeln brauchst du Muskeln. Dafür müssen aber weniger Muskeln arbeiten als beim Stirnrunzeln.

Muskelfasern

Unter dem Mikroskop sieht man, dass Muskeln aus vielen Bündeln von langen, dehnbaren Fasern bestehen. Hier rechts siehst du ein vergrößertes Bild der Muskeln, die das Skelett bewegen. Es gibt im Körper aber auch noch andere Arten von Muskeln.

Knorpel

Knorpel ist eine feste, biegsame Substanz. Sie bedeckt die Enden von Knochen, sodass sie bei den Bewegungen des Körpers nicht so stark aneinanderreiben. Auch die Form der Nase und der Ohren wird von Knorpelgewebe gebildet!

Wie viele Knochen haben wir?

Der Körper eines Erwachsenen hat 206 Knochen. Ein Baby hat bei der Geburt mehr, aber einige Knochen wachsen langsam zusammen, wenn es älter wird.

HERZ & LUNGE

Die Knochen des Brustkorbs schützen einige der wichtigsten Organe des Körpers, die zum Herz-Kreislauf-System gehören. Tatsächlich arbeiten hier zwei Systeme eng zusammen: das Atmungssystem, das dich mit Sauerstoff versorgt, und der Blutkreislauf, der Blut durch den Körper pumpt.

Die Lunge besteht aus zwei mit Luftbläschen gefüllten Flügeln, die Luft in den Körper saugen und wieder ausstoßen. Beim Einatmen kommt Sauerstoff in den Körper. Ohne ihn kann kein Lebewesen leben. Wenn der Körper den Sauerstoff verbraucht hat, muss das Kohlenstoffdioxid, das dabei entstanden ist, ausgeatmet werden. Jeden Tag atmest du etwa 22 000-mal ein und wieder aus!

Zwischen den Lungenflügeln liegt das Herz. Es ist etwa so groß wie eine Faust und pumpt Blut durch den ganzen Körper. Es besteht aus einem starken Muskel, der Tag und Nacht arbeitet. Er zieht sich etwa 115 000-mal pro Tag zusammen.

Arterien und Venen

Es gibt zwei verschiedene Arten von Blutgefäßen, die das Blut durch den Körper leiten. In den Venen fließt das Blut zurück zum Herz und zur Lunge. Dort nimmt es neuen Sauerstoff auf. In den Arterien fließt das Blut vom Herz weg in alle Körperteile. Arterienwände sind dicker als die von Venen, weil das Blut mehr Druck hat.

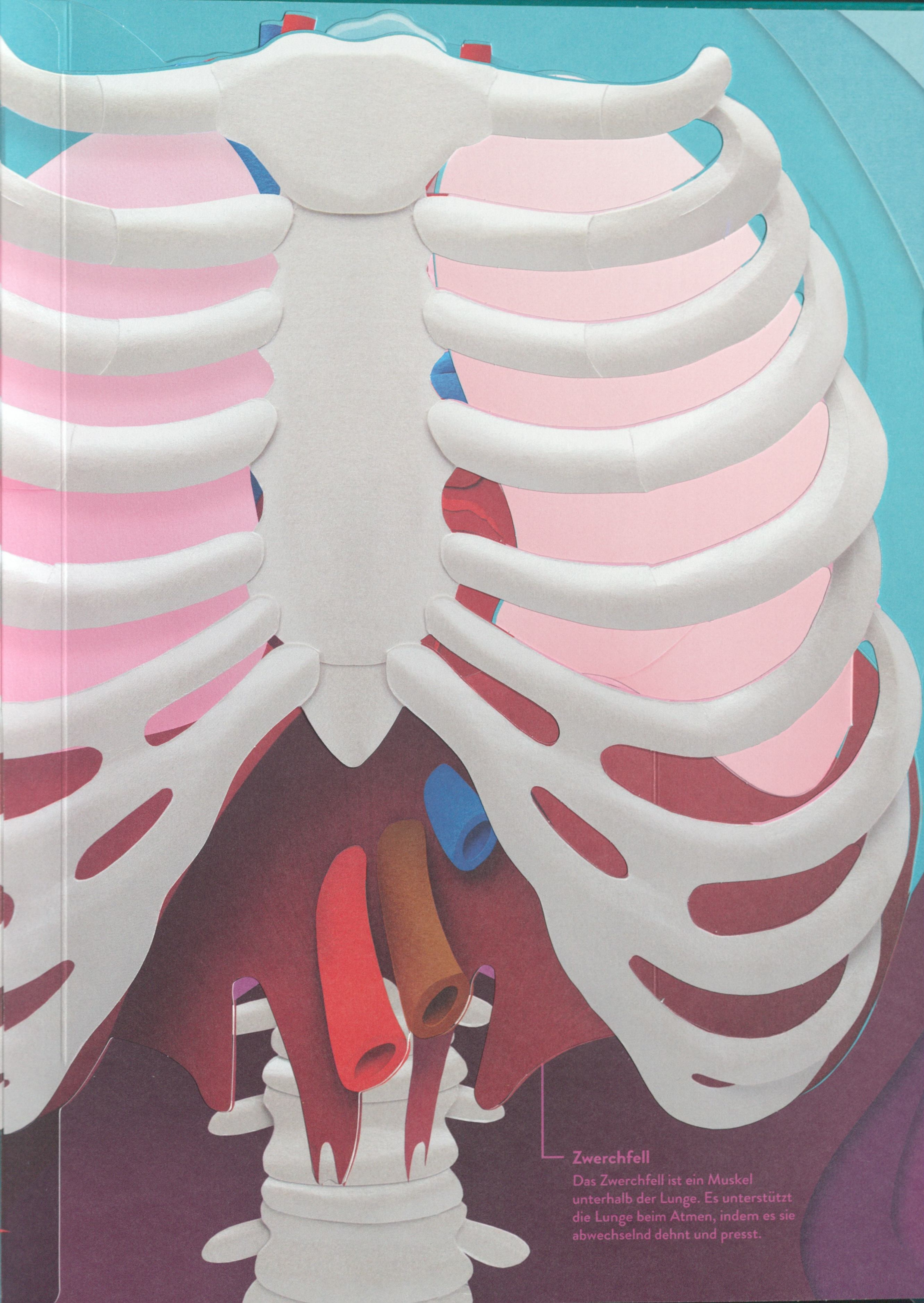

Zwerchfell
Das Zwerchfell ist ein Muskel unterhalb der Lunge. Es unterstützt die Lunge beim Atmen, indem es sie abwechselnd dehnt und presst.

VERDAUUNGSSYSTEM

Nahrung gibt dem Körper die Energie, die er braucht, um zu funktionieren, zu wachsen und gesund zu bleiben. Aber zuerst muss die Nahrung in winzig kleine Teile zerlegt werden, die ins Blut aufgenommen werden können. Dieser Vorgang läuft in den Röhren und Organen ab, die zusammen das Verdauungssystem bilden.

Die Reise der Nahrung beginnt im Mund. Sie wird von den Zähnen zerkaut und zermahlen, von Speichel befeuchtet und zur Rückseite des Munds geschoben. Dort gelangt sie in die Speiseröhre und wandert abwärts in den Magen.

Zahnkrone
Dieser Teil des Zahns ragt aus dem Zahnfleisch heraus und ist sehr hart.

Zahnfleisch
Das rosafarbene Zahnfleisch dichtet die Zähne rundum ab.

Wurzel
Die Zahnwurzel befestigt den Zahn im Kiefer.

Nerven
Nervenfasern und Blutgefäße führen wie Kabel in den Zahn hinein und wieder heraus.

Eine lange Reise

Es kann bis zu drei Tage dauern, bis Nahrung vollständig verdaut ist.

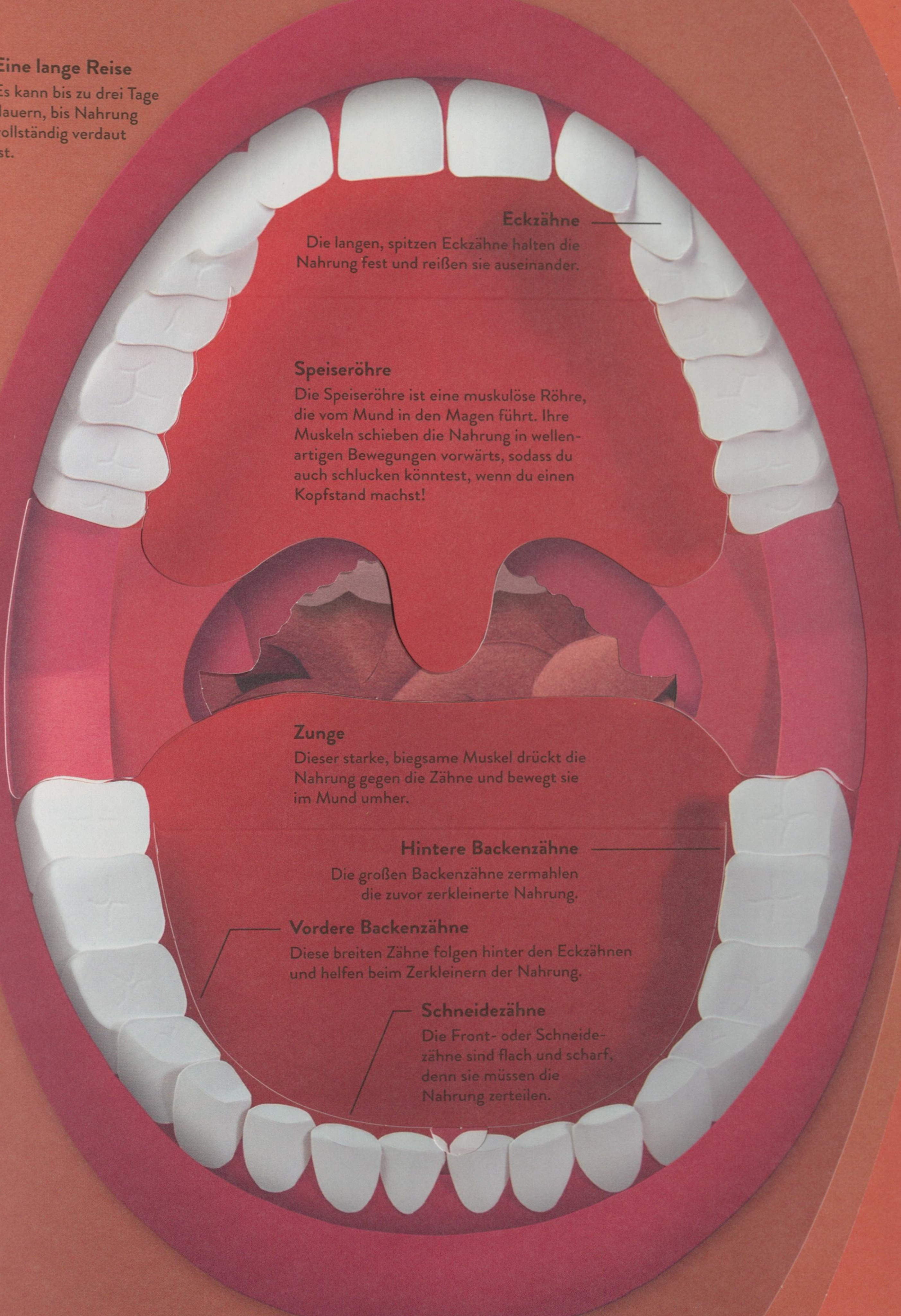

Mund auf!

Ein Erwachsener hat in der Regel 32 Zähne.

VERDAUUNGSORGANE

Die meisten Verdauungsorgane liegen im Bauchraum. Sie sind alle so gefaltet, dass sie nebeneinanderpassen. Einige Organe zerkleinern die Nahrung physikalisch, wobei sie sie zusammendrücken und vermischen. Andere Organe stellen spezielle chemische Stoffe her, die Enzyme. Sie zersetzen die Nahrung dann noch durch chemische Reaktionen.

Gemeinsam verwandeln sie Essen in eine Mischung aus Wasser und winzigen Teilchen, die ins Blut aufgenommen werden. Die meisten wandern durch die Dünndarmwand ins Blut, denn im Dünndarm werden 90 Prozent der Nahrung verdaut. Der Rest, meist Abfälle und Gifte, wandert weiter und wird ausgeschieden.

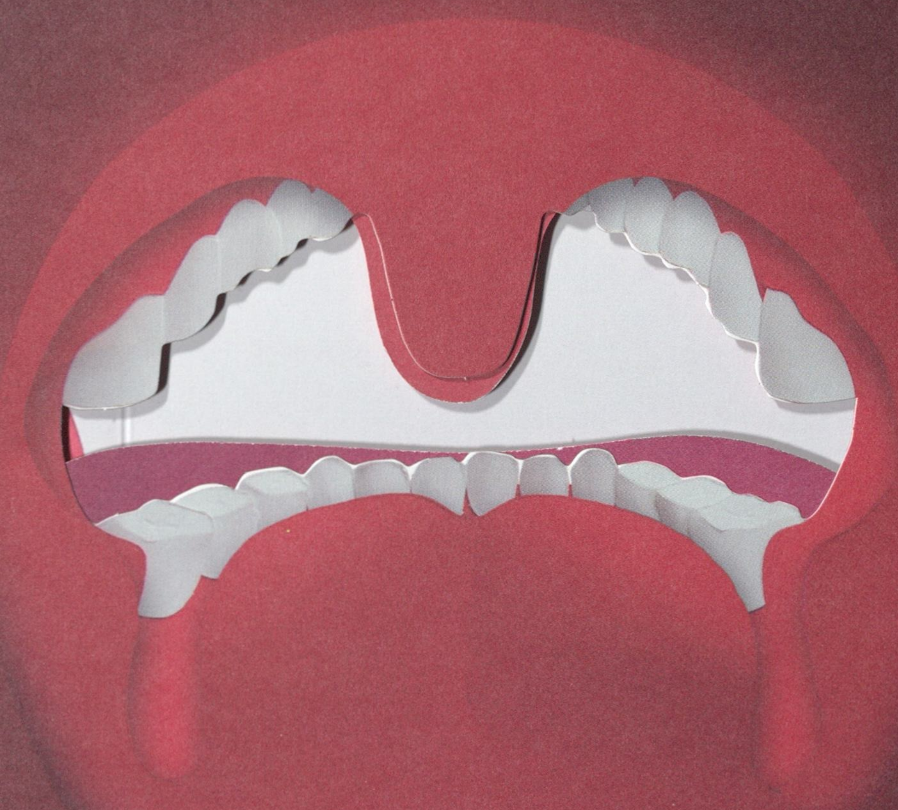

Wie lang?
Ausgestreckt sind die Verdauungsorgane fast 9 Meter lang. Das ist ungefähr so lang wie ein Bus!

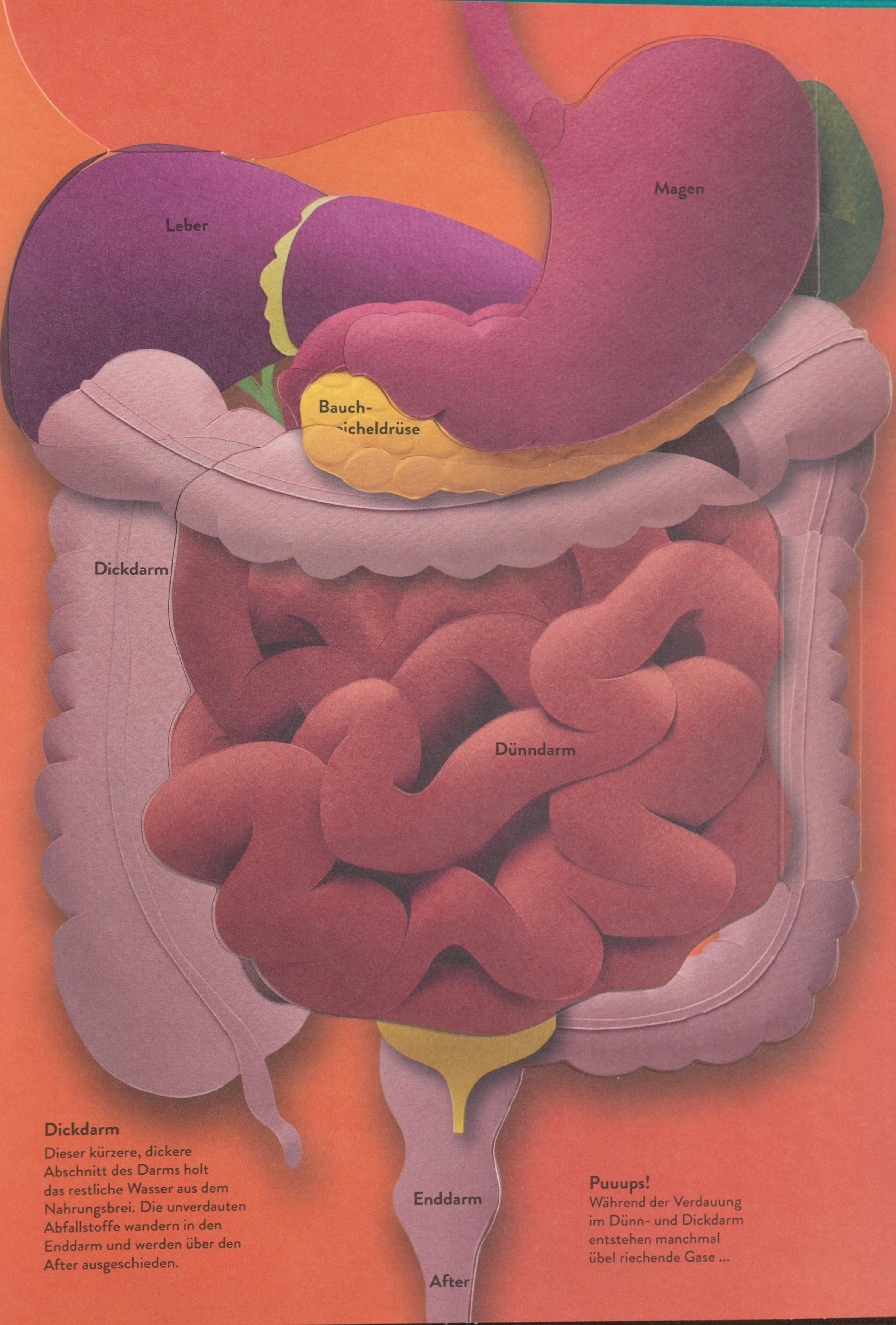

Dickdarm

Dieser kürzere, dickere Abschnitt des Darms holt das restliche Wasser aus dem Nahrungsbrei. Die unverdauten Abfallstoffe wandern in den Enddarm und werden über den After ausgeschieden.

Puuups!

Während der Verdauung im Dünn- und Dickdarm entstehen manchmal übel riechende Gase …

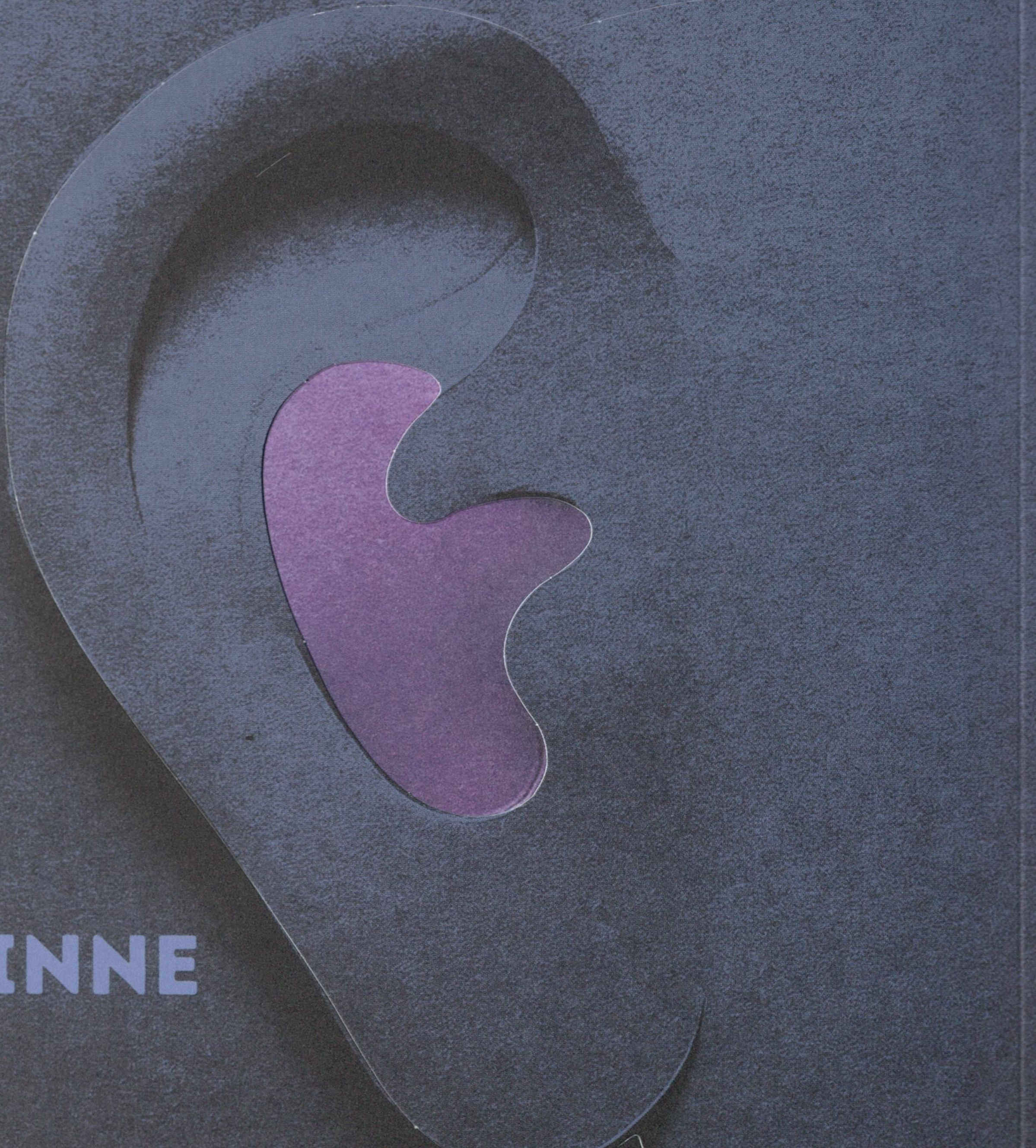

DIE SINNE

Mit den Sinnen nimmt der Körper wahr, was in der Welt vor sich geht. Du kannst an einer Blume schnuppern, dir ein leckeres Essen schmecken lassen, Musik hören, sehen, wohin du gehst, und spüren, ob etwas hart oder weich ist. Wichtig ist auch, dass die Sinne uns warnen. Wenn du etwas Gefährliches hörst oder siehst, weißt du, dass du weglaufen musst. Wenn du etwas Scharfes berührst, ziehst du die Hand zurück. Und wenn etwas verdorben riecht, weißt du, dass du es nicht essen darfst.

Die fünf wichtigsten Sinne sind Sehen, Hören, Riechen, Schmecken und Tasten. Augen, Ohren, Nase, Zunge und Haut sind Sinnesorgane, die laufend Informationen an das Gehirn senden, das sie verarbeitet. Erstaunlich ist, dass etwa zwei Drittel aller Informationen, die das Gehirn verarbeitet, allein von den Augen stammen!

Berührungen

Überall in der Haut sitzen winzige Zellen, die Berührungen wahrnehmen und Signale an das Gehirn senden. Sie spüren, ob etwas heiß, kalt, weich, hart oder schmerzhaft ist. Manche Körperteile wie die Fingerspitzen sind besonders empfindlich, weil sie mehr solcher Zellen haben.

Thalamus
In diesem Teil des Gehirns werden Signale der Sinnesorgane verarbeitet. Er unterstützt auch Bewegungen.

Geruch

Du riechst chemische Stoffe, die in der Luft schweben. Diese winzigen Teilchen dringen in die Nase ein. Spezielle Zellen in der Nasenwand erkennen die Moleküle und senden Nachrichten an das Gehirn.

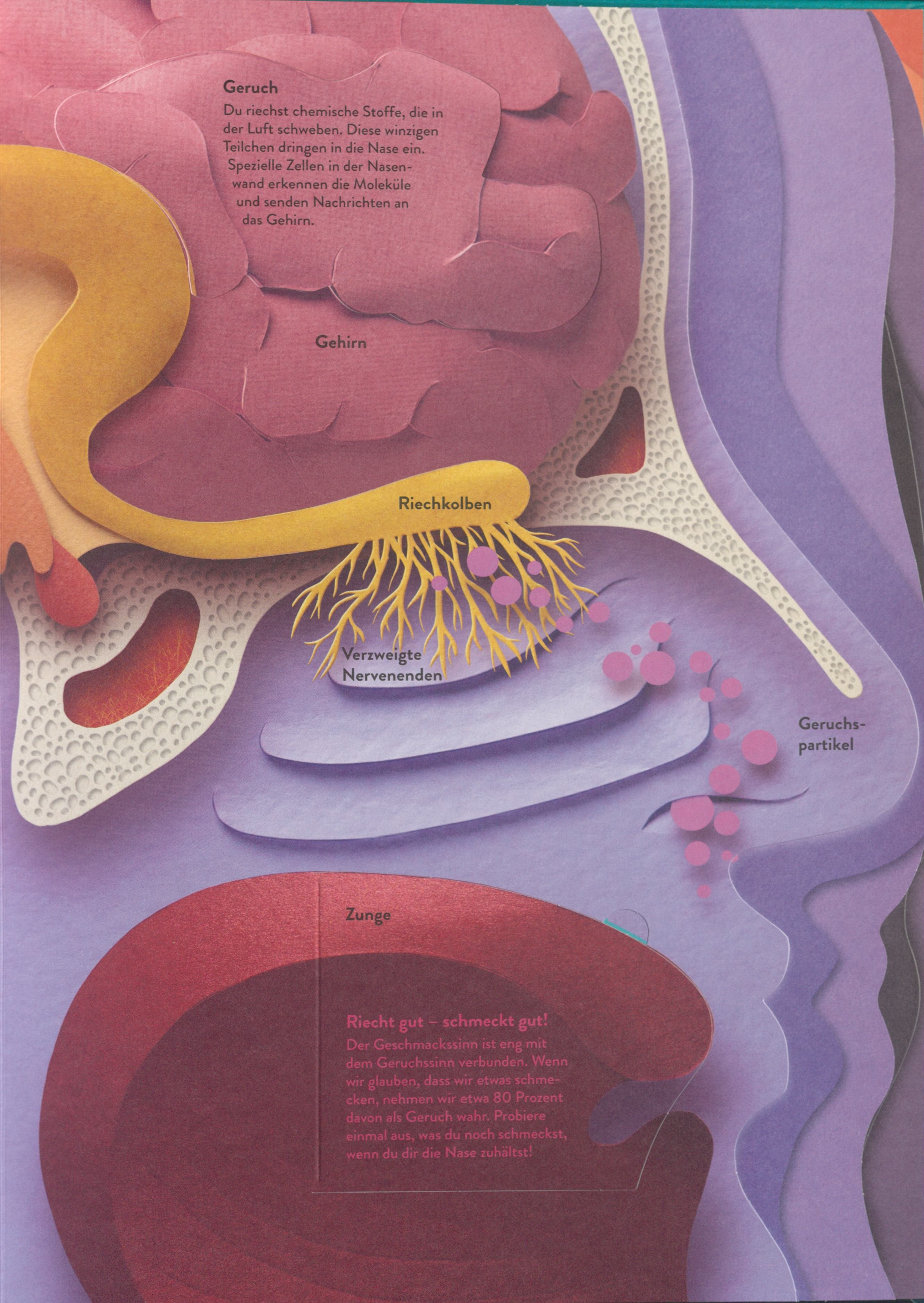

Riecht gut – schmeckt gut!

Der Geschmackssinn ist eng mit dem Geruchssinn verbunden. Wenn wir glauben, dass wir etwas schmecken, nehmen wir etwa 80 Prozent davon als Geruch wahr. Probiere einmal aus, was du noch schmeckst, wenn du dir die Nase zuhältst!

DAS GEHIRN

Das Gehirn ist die Steuerzentrale des ganzen Körpers. Es empfängt pausenlos Signale, sendet Botschaften und ist Tag und Nacht für alles zuständig, was du tust und was in deinem Körper vorgeht. Egal ob du gehst, sprichst, Nahrung verdaust oder dein Herz pumpt. Der größte Teil des Gehirns ist das Großhirn, das alle Gedanken hervorbringt. Es ist in mehrere Regionen aufgeteilt, die jeweils verschiedene Funktionen steuern.

Die Anweisungen des Gehirns werden über das Nervensystem in alle Teile des Körpers übertragen. Das verzweigte Netzwerk zieht sich wie elektrische Kabel durch den ganzen Körper. In jeder Sekunde rasen Milliarden von Botschaften durch das Nervensystem. Sie werden in Form von winzigen elektrischen Strömen weitergeleitet.

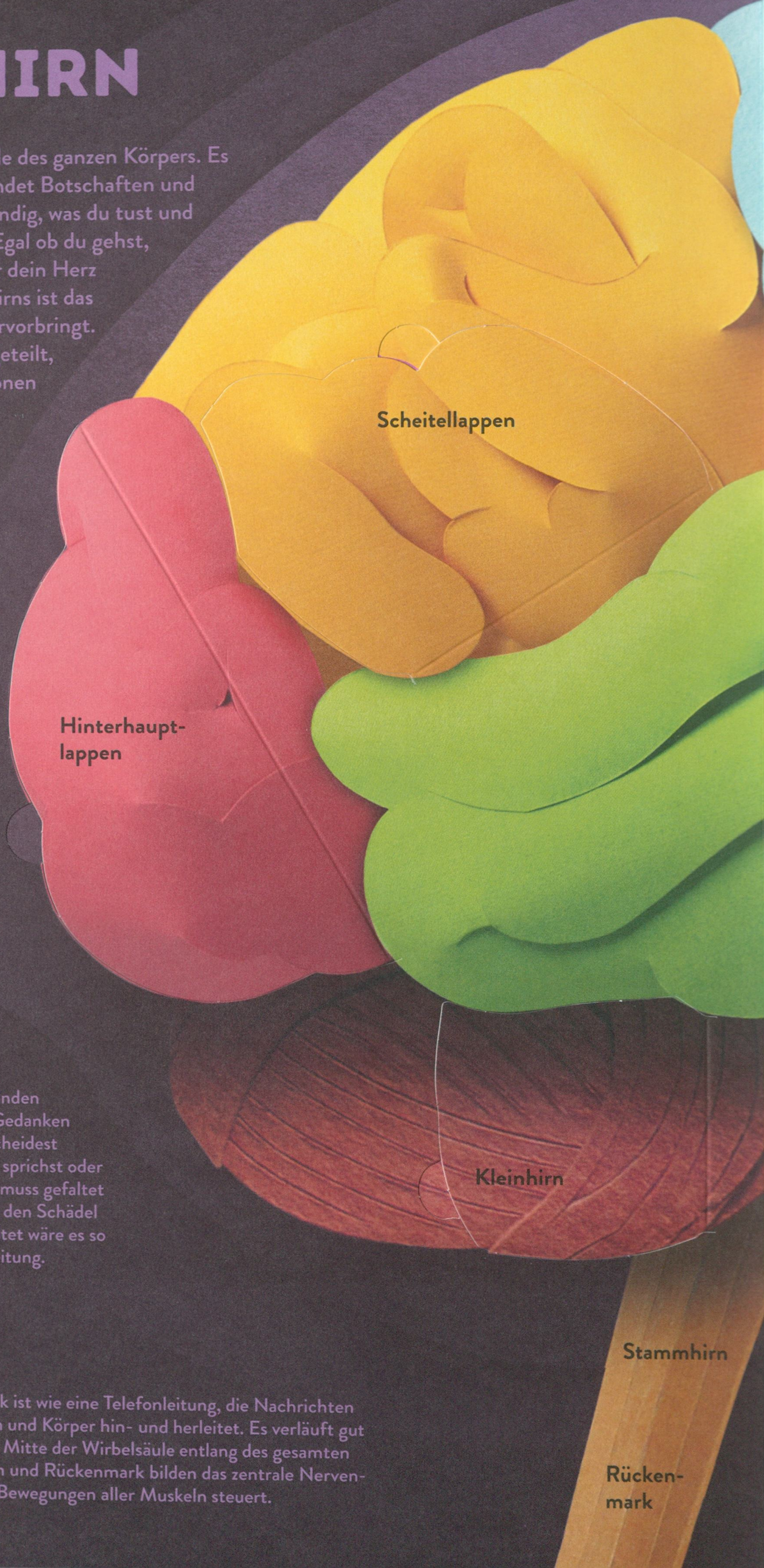

Großhirn
In dem großen, gefalteten Teil finden alle bewussten Gedanken statt: Hier entscheidest du, ob du gehst, sprichst oder etwas fühlst. Es muss gefaltet sein, damit es in den Schädel passt. Ausgebreitet wäre es so groß wie eine Zeitung.

Rückenmark
Das Rückenmark ist wie eine Telefonleitung, die Nachrichten zwischen Gehirn und Körper hin- und herleitet. Es verläuft gut geschützt in der Mitte der Wirbelsäule entlang des gesamten Rückens. Gehirn und Rückenmark bilden das zentrale Nervensystem, das die Bewegungen aller Muskeln steuert.

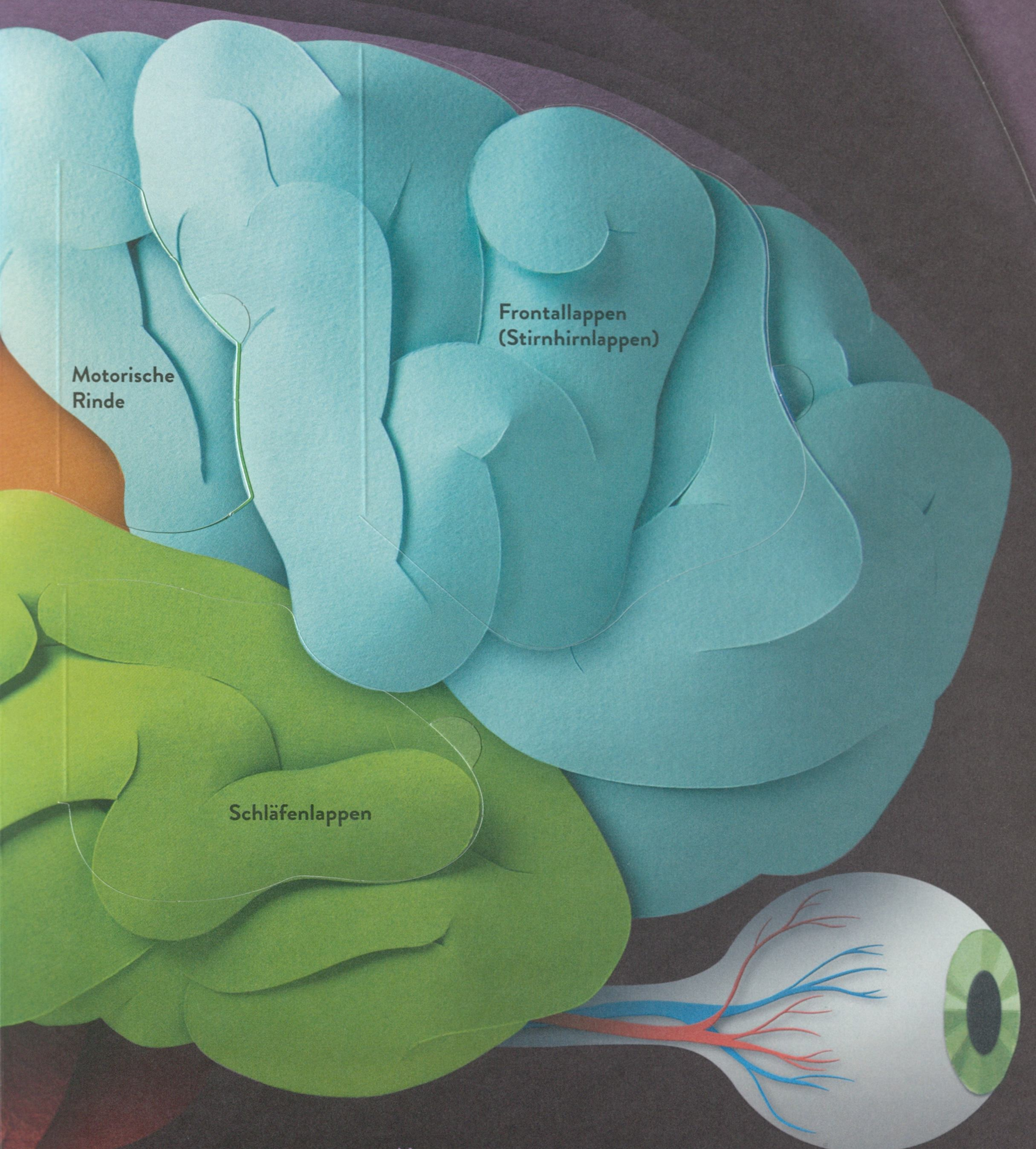

Nerven

Zum Nervensystem gehören viele Milliarden Nervenzellen. Sie sehen fast aus wie Tintenfische mit einem langen „Arm“, der Nervenfaser (Axon), die Signale weiterleitet, und vielen kleinen Armen (Dendriten), über die Signale ankommen. Jede Nervenzelle kann pro Sekunde etwa 500 Signale weiterleiten.

Stammhirn

Es verbindet das Gehirn mit dem Rückenmark in der Wirbelsäule und steuert automatische Vorgänge wie Atmung und Verdauung. Über diese Dinge musst du nicht nachdenken.

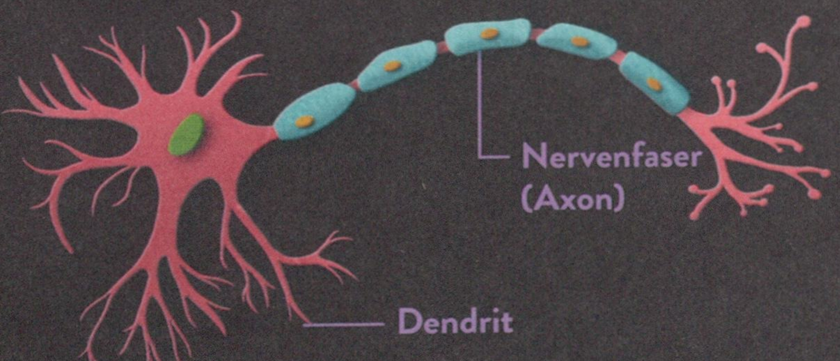

FORTPFLANZUNGS-SYSTEM

Das Fortpflanzungssystem brauchen Menschen, um Babys zu bekommen. Die dazu nötigen Organe sind bei Männern und Frauen verschieden. Damit ein neues Lebewesen entsteht, muss sich eine weibliche Eizelle mit einer männlichen Samenzelle verbinden. Wenn die Samenzelle das Ei befruchtet hat, wächst im Bauch der Mutter neun Monate lang ein Baby heran.

Die Geschlechtsorgane sind bei Mädchen im Alter von etwa 11–14 Jahren und bei Jungen mit 13–16 ausgereift. Jungen werden größer und muskulöser und bekommen eine tiefe Stimme. Mädchen entwickeln breitere Hüften und Brüste. Bei Mädchen und Jungen wachsen Haare im Schambereich. Diese Zeit der körperlichen Veränderung nennt man Pubertät.

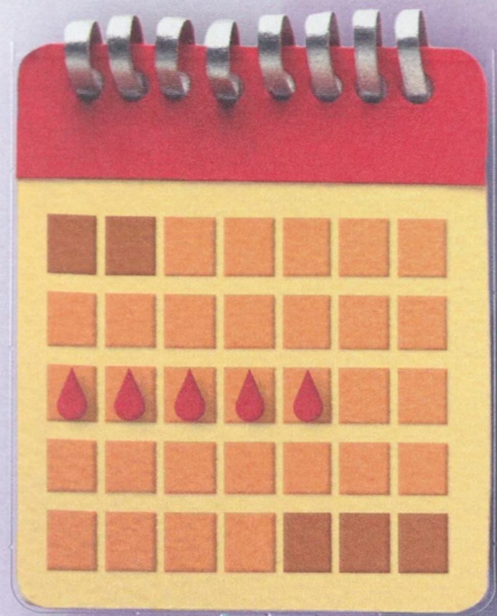

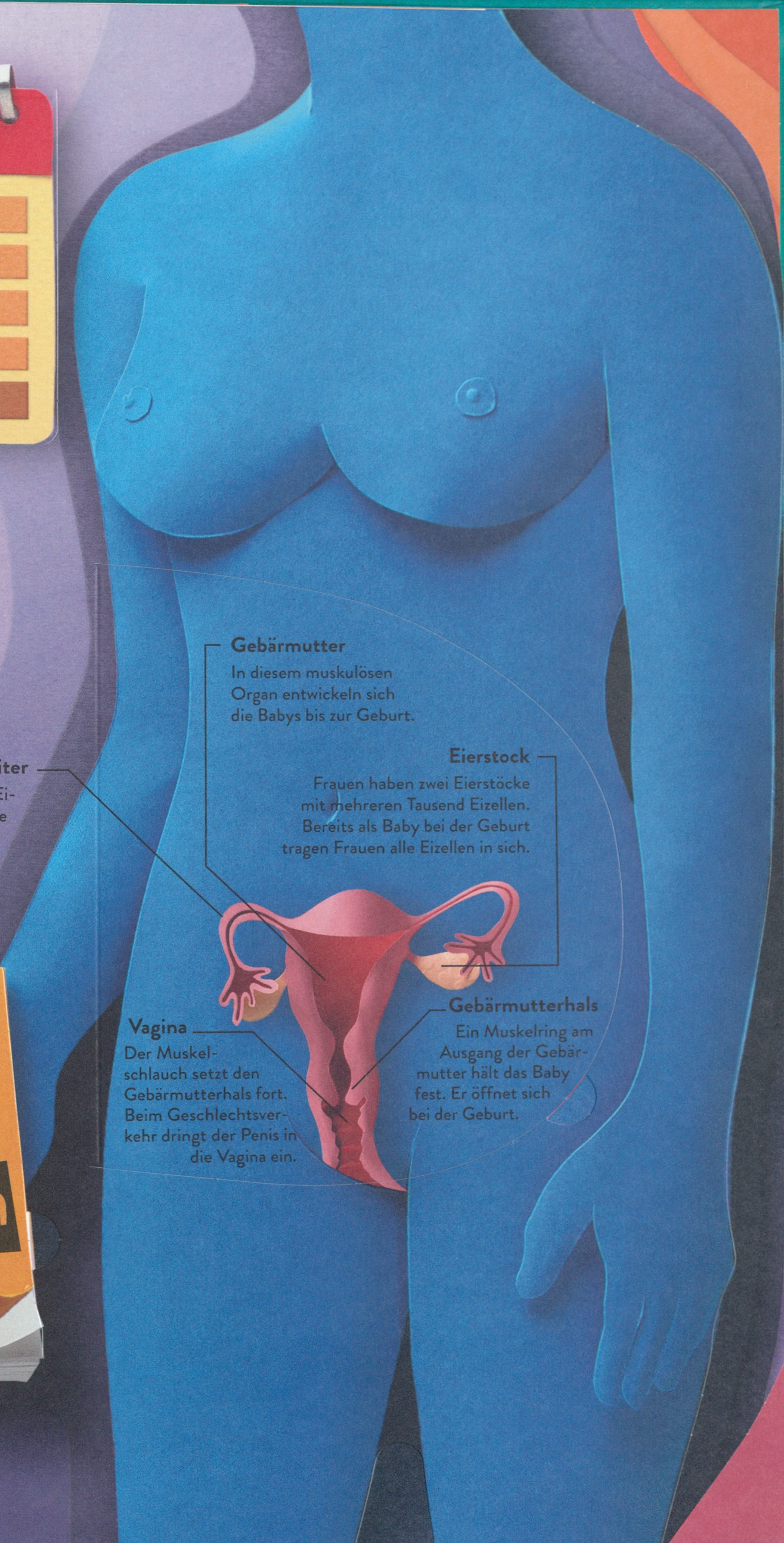

Gebärmutter
In diesem muskulösen Organ entwickeln sich die Babys bis zur Geburt.

Eierstock
Frauen haben zwei Eierstöcke mit mehreren Tausend Eizellen. Bereits als Baby bei der Geburt tragen Frauen alle Eizellen in sich.

Eileiter
Zwei schmale Schläuche, die Eileiter, verbinden die Eierstöcke mit der Gebärmutter. Jeden Monat springt eine Eizelle aus einem Eierstock und wandert den Eileiter entlang.

Gebärmutterhals
Ein Muskelring am Ausgang der Gebärmutter hält das Baby fest. Er öffnet sich bei der Geburt.

Vagina
Der Muskelschlauch setzt den Gebärmutterhals fort. Beim Geschlechtsverkehr dringt der Penis in die Vagina ein.

SO WÄCHST EIN BABY

Ei- und Samenzellen enthalten alle Informationen, aus denen ein neues Lebewesen entstehen kann. Die verschmolzenen Zellen teilen sich nun immer wieder. Zunächst entsteht eine Kugel, die sich in der Gebärmutterwand einnistet. Das wachsende Baby nennt man jetzt Embryo. Wenn es acht Wochen alt ist, hat es alle wichtigen Körperteile und sieht aus wie ein kleiner Mensch. In den folgenden sieben Monaten heißt es Fötus und wächst rasch heran. Es erhält alle Nährstoffe und Sauerstoff über die Plazenta von der Mutter. Nach 40 Wochen Schwangerschaft wird das Baby geboren. Die Gebärmutterwände ziehen sich zusammen und schieben das Baby heraus. Die Eltern müssen aber weiterhin für Wärme, Nahrung und Pflege sorgen.

Befruchtete Eizelle
Jeder Mensch beginnt sein Leben als Eizelle, die von einer Samenzelle befruchtet wurde. Nach dieser Verschmelzung kann keine andere Samenzelle mehr in die Eizelle eindringen.

Zellteilung
Die Zelle teilt sich rasch immer wieder. Eine Zellkugel, die wie eine Beere aussieht, nistet sich dann nach einigen Tagen in der Schleimhaut der Gebärmutterwand ein.

Zellkugel

4 Wochen

Embryo
Bis das winzige Baby etwa acht Wochen alt ist, nennt man es Embryo.

8 Wochen

Erste Lebenszeichen
Nach etwa sechs Wochen werden Herztöne hörbar. Ärzte, Ärztinnen und Hebammen prüfen sie regelmäßig, um zu sehen, ob das Baby gesund ist.

20 Wochen

Entwicklung
Eine Schwangerschaft dauert rund neun Monate. Oft teilt man sie in drei Zeiträume zu je drei Monaten. Bereits in den ersten drei Monaten wachsen alle wichtigen Organe sowie Arme und Beine.

Schwangerschaft

Während der Schwangerschaft verändert sich der Körper der Frau. Die Brüste werden größer, weil das Baby nach der Geburt Milch daraus trinken wird. Die Hüften geben nach und werden breiter, damit das Baby bei der Geburt hindurchpasst. Oft riechen oder schmecken Dinge anders und einige Frauen haben Appetit auf ungewöhnliche Dinge.

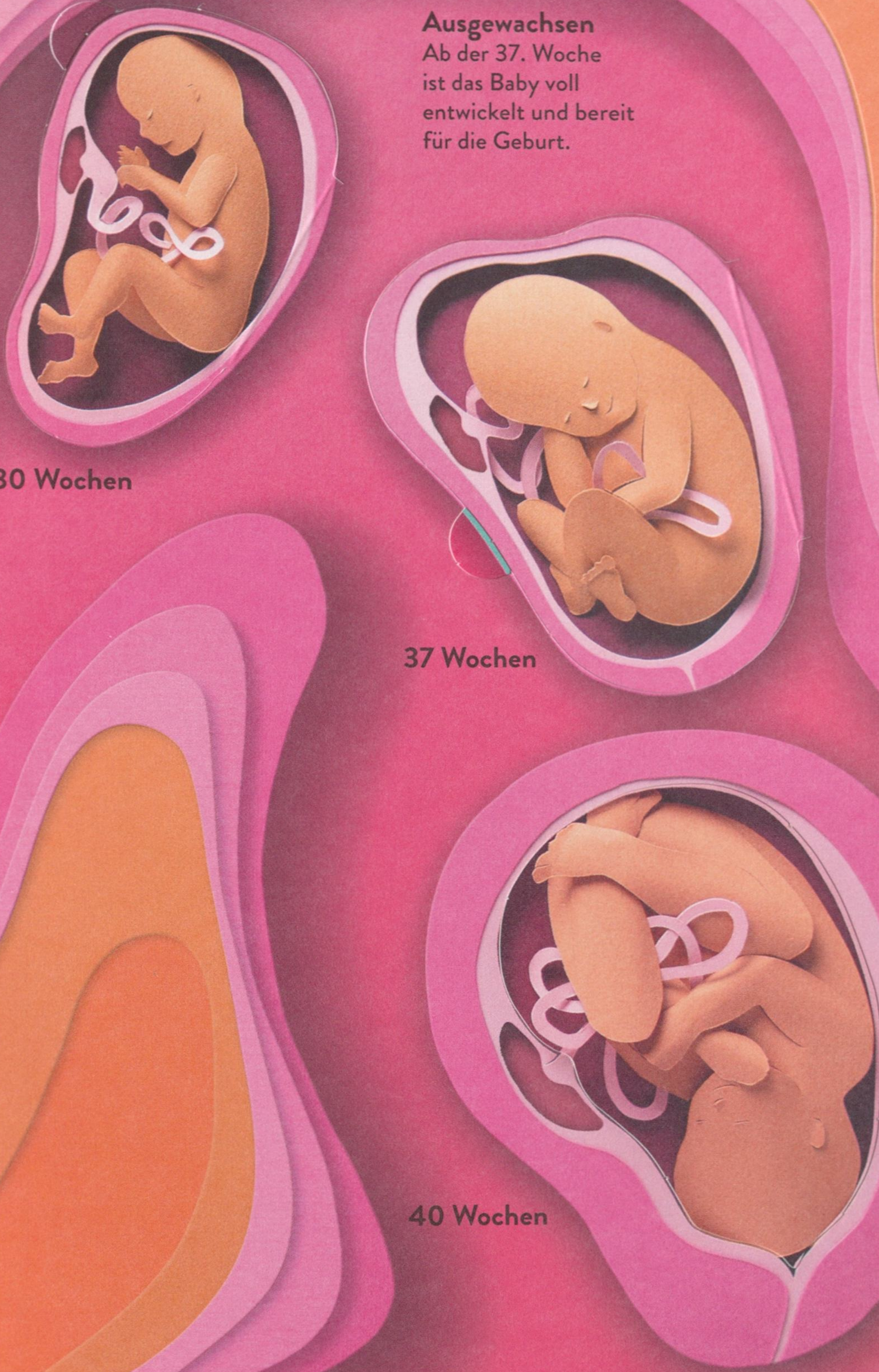

Ausgewachsen
Ab der 37. Woche ist das Baby voll entwickelt und bereit für die Geburt.

30 Wochen

37 Wochen

40 Wochen

Säugling
Im ersten Lebensjahr wächst ein Mensch schneller als in allen anderen Lebensphasen. Neugeborene Babys brauchen die Hilfe ihrer Eltern. Sie trinken nur Milch und schreien, um etwas mitzuteilen.

Krabbeln
Wenn Babys etwa 6–9 Monate alt sind, fangen sie an, umherzurollen und zu krabbeln. Sie trinken nur Milch und schreien, um etwas mitzuteilen.

Erste Schritte
Etwa mit einem Jahr unternehmen einige Babys die ersten Schritte. Sie sagen Wörter wie „Mama“ oder „Baba“ und kennen ein paar Gesten wie das Winken zum Abschied.

BEGRIFFE

Arterie
Ein Blutgefäß, in dem Blut vom Herz weg in den Körper fließt.

Atmung
Der Vorgang, bei dem Sauerstoff in den Körper aufgenommen und Kohlenstoffdioxid abgegeben wird.

Drüse
Ein Organ, das eine Substanz herstellt, die im Körper gebraucht wird, wie Schweiß oder Tränen.

Gelenkband
Ein festes, dehnbares Band, das zwei Knochen an einem Gelenk miteinander verbindet.

Gen
Ein Abschnitt aus mehreren Anweisungen, die einer Zelle sagen, wie sie sich entwickeln soll. Gene werden von den Eltern an die Kinder vererbt. Sie bestimmen Eigenschaften wie Augen- und Haarfarbe.

Hormon
Ein chemischer Botenstoff im Blut.

Klappe
Ein Mechanismus im Herz und in großen Venen, der sie verschließt, damit das Blut auf keinen Fall rückwärts fließen kann.

Knorpel
Ein festes, aber nachgiebiges Gewebe, das die Enden der Knochen umhüllt und einigen Körperteilen ihre Form gibt, zum Beispiel der Nase.

Kohlenstoffdioxid
Ein Gas, das bei der Atmung im Körper als Abfallstoff entsteht.

Nerv
Ein Bündel aus Nervenzellen, das Signale vom und zum Gehirn leitet.

Organ
Ein Körperteil wie Herz, Gehirn oder Lunge, das aus unterschiedlichen Gewebearten besteht und eine bestimmte Funktion erfüllt. Mehrere Organe bilden zusammen ein System.

Puls
Das regelmäßige Pulsieren der Blutgefäße, das entsteht, weil Blut aus dem Herz durch sie hindurchgepumpt wird.

Sauerstoff
Ein Gas in der Luft, das Menschen zum Leben brauchen.

Sehne
Ein starkes Band, das Muskeln mit Knochen verbindet.

Speichel
Eine wässrige Flüssigkeit, die von Drüsen im Mund hergestellt wird. Sie sorgt dafür, dass wir unsere Nahrung leichter schlucken können, und leitet außerdem die Verdauung ein.

Vene
Ein Blutgefäß, in dem das Blut aus dem Körper zurück zum Herz fließt.

Zelle
Der Grundbaustein aller Lebewesen. Alle Gewebe im Körper bestehen aus Zellen.

DK | Penguin Random House

Titel der englischen Originalausgabe:
Paper World Human Body

Der Originaltitel erschien © 2023 im Templar Books Verlag,
einem Imprint der Bonnier Books UK
4th Floor, Victoria House, Bloomsbury Square, London, WC1B 4DA
Owned by Bonnier Books, Sveavägen 56, Stockholm, Sweden
www.bonnierbooks.co.uk

Text und Lektorat Ruth Symons
Gestaltung und Papiertechnik Richard Ferguson
Fachliche Beratung Dr. Jennifer Paxton
Herstellung Ché Creasey

Für die deutsche Ausgabe:
Projektbetreuung Angelika Herre
Herstellungskoordination Claudia Rode
Herstellung Verena Marquart

Übersetzung Birgit Reit

ISBN 978-3-8310-4872-4
5902-970744-23514-03

Druck und Bindung Leo Paper Products, China

FSC MIX Papier | Fördert gute Waldnutzung FSC® C020056

www.dk-verlag.de

BEGRIFFE

Arterie
Ein Blutgefäß, in dem Blut vom Herz weg in den Körper fließt.

Atmung
Der Vorgang, bei dem Sauerstoff in den Körper aufgenommen und Kohlenstoffdioxid abgegeben wird.

Drüse
Ein Organ, das eine Substanz herstellt, die im Körper gebraucht wird, wie Schweiß oder Tränen.

Gelenkband
Ein festes, dehnbares Band, das zwei Knochen an einem Gelenk miteinander verbindet.

Gen
Ein Abschnitt aus mehreren Anweisungen, die einer Zelle sagen, wie sie sich entwickeln soll. Gene werden von den Eltern an die Kinder vererbt. Sie bestimmen Eigenschaften wie Augen- und Haarfarbe.

Hormon
Ein chemischer Botenstoff im Blut.

Klappe
Ein Mechanismus im Herz und in großen Venen, der sie verschließt, damit das Blut auf keinen Fall rückwärts fließen kann.

Knorpel
Ein festes, aber nachgiebiges Gewebe, das die Enden der Knochen umhüllt und einigen Körperteilen ihre Form gibt, zum Beispiel der Nase.

Kohlenstoffdioxid
Ein Gas, das bei der Atmung im Körper als Abfallstoff entsteht.

Nerv
Ein Bündel aus Nervenzellen, das Signale vom und zum Gehirn leitet.

Organ
Ein Körperteil wie Herz, Gehirn oder Lunge, das aus unterschiedlichen Gewebearten besteht und eine bestimmte Funktion erfüllt. Mehrere Organe bilden zusammen ein System.

Puls
Das regelmäßige Pulsieren der Blutgefäße, das entsteht, weil Blut aus dem Herz durch sie hindurchgepumpt wird.

Sauerstoff
Ein Gas in der Luft, das Menschen zum Leben brauchen.

Sehne
Ein starkes Band, das Muskeln mit Knochen verbindet.

Speichel
Eine wässrige Flüssigkeit, die von Drüsen im Mund hergestellt wird. Sie sorgt dafür, dass wir unsere Nahrung leichter schlucken können, und leitet außerdem die Verdauung ein.

Vene
Ein Blutgefäß, in dem das Blut aus dem Körper zurück zum Herz fließt.

Zelle
Der Grundbaustein aller Lebewesen. Alle Gewebe im Körper bestehen aus Zellen.

DK | Penguin Random House

Titel der englischen Originalausgabe:
Paper World Human Body

Der Originaltitel erschien © 2023 im Templar Books Verlag,
einem Imprint der Bonnier Books UK
4th Floor, Victoria House, Bloomsbury Square, London, WC1B 4DA
Owned by Bonnier Books, Sveavägen 56, Stockholm, Sweden
www.bonnierbooks.co.uk

Text und Lektorat Ruth Symons
Gestaltung und Papiertechnik Richard Ferguson
Fachliche Beratung Dr. Jennifer Paxton
Herstellung Ché Creasey

Für die deutsche Ausgabe:
Projektbetreuung Angelika Herre
Herstellungskoordination Claudia Rode
Herstellung Verena Marquart

Übersetzung Birgit Reit

ISBN 978-3-8310-4872-4
5902-970744-23514-03

Druck und Bindung Leo Paper Products, China

FSC MIX Papier | Fördert gute Waldnutzung FSC® C020056

www.dk-verlag.de